COLLECTION

DE

# DESSINS ANCIENS

DE TOUTES LES ÉCOLES

**RENOU ET MAULDE**

IMPRIMEURS DE LA COMPAGNIE DES COMMISSAIRES-PRISEURS

Rue de Rivoli, 144.

# BELLE COLLECTION

DE

# DESSINS ANCIENS

*DES ECOLES*

**Italienne, Espagnole, Hollandaise, Flamande et Française**

DONT LA VENTE AURA LIEU

**HOTEL DES COMMISSAIRES-PRISEURS**

**Salle n° 3**

Les Lundi 9 et Mardi 10 Mai 1864

A DEUX HEURES PRÉCISES

EXPOSITION PUBLIQUE

Le Dimanche 8 Mai 1864, de une heure à cinq heures.

**Me DELBERGUE-CORMONT,** Commissaire-Priseur,
rue de Provence, 8,

Assisté de **M. CLEMENT,** Md d'Estampes de la Bibliothèque Impériale,
rue des Saints-Pères, 3,

CHEZ LESQUELS SE DISTRIBUE LE PRÉSENT CATALOGUE.

1864

## CONDITIONS DE LA VENTE

Elle sera faite au comptant.

Les Acquéreurs paieront, en sus des adjudications, CINQ pour CENT applicables aux frais de la vente.

Le goût des dessins anciens des Maîtres italiens, hollandais, flamands, espagnols et français se répand chaque jour de plus en plus, et le nombre des Amateurs qui les recherchent va sans cesse en augmentant. Les productions de ces grands hommes seront toujours précieuses, à cause de leur rareté et de leur style incomparable; elles serviront toujours de modèles aux générations futures.

La Collection que nous mettons en vente a été faite, il y a vingt-cinq ans, avec intelligence et l'amour de l'art a présidé à sa formation; aussi, comme l'indiquent la provenance et la nature des dessins, leur authenticité est-elle incontestable. Nous ne ferons pas ici l'énumération des nombreuses pièces remarquables de cette vente; nous nous bornerons à dire qu'il est rare de rencontrer un ensemble aussi intéressant et aussi complet. Nous signalerons à MM. les Amateurs la belle série des dessins de l'École Espagnole; on sait combien il est difficile de trouver des dessins de cette École de plus en plus recherchée.

Paris, le 25 Avril 1864.

L. DE VERMONT.

# DÉSIGNATION

# DES DESSINS

## PREMIÈRE VACATION

### J. CAVEDONE

1 — Adoration des Bergers.

Dessin au bistre rehaussé de blanc.
(Collections Crozat, Nils Bark et de la reine de Suède.)

### J. LUYCKEN

2 — Campement de troupes.

Dessin [illegible] me et à l'encre de Chine.

### RICCI

3 — Jésus prêchant devant les docteurs.

Dessin au bistre.

### VAN MANDER

4 — Un Homme et une Femme se regardant dans un miroir.

Dessin à la plume légèrement lavé au bistre.
(Collection Willenave.)

## GAULI (Le Bachiche)

5 — Constantin examinant le plan d'une église que des évêques lui présentent.

Dessin à la plume et au bistre rehaussé de blanc.

## VAN TILBORGH

6 — Le Benedicite.

Joli dessin à la sanguine.

## A. SACCHI

7 — La Cène.

Dessin à la sanguine.
(Collection Zanetti.)

## SADELER

8 — Chrétiens exécutés en présence d'un souverain d'Orient.

Dessin à la plume et à l'encre de Chine.

## VAN DER MEULEN

9 — Combat de cavalerie.

Dessin à la plume et au bistre.

## A. WATERLOO

10 — Paysage. Environs de Gand.

Dessin au bistre.

## LE TITIEN

11 — L'Artiste présenté à l'empereur Charles-Quint.

Croquis très-spirituel à la plume.

## VAN GOYEN

12 — Paysages.

Deux dessins à la pierre noire, lavés d'encre de Chine

13 — Patineurs sur la glace.

Joli dessin à l'encre de Chine.

## CIGOLI

14 — La Bénédiction.

Dessin à la plume et au bistre.
(Collection Vallardi.)

## J. BREUGHEL (de Velours)

15 — La Vendange.

Aquarelle.

## CARRACHE (Louis)

16 — Satyre assis cueillant des fruits.

Dessin à la plume et au bistre.
(Collection Richardson.)

## CARRACHE (Augustin)

17 — Écusson aux armes des Borghèse.

Dessin à la plume et au bistre.
(Collections Mariette et Denon.)

## CARRACHE (Annibal)

18 — Un Enfant soutenant un vase.

Dessin à la plume et au bistre rehaussé de blanc.
(Collection Van Os.)

## CARRACHE (Annibal)

19 — Paysage.

Dessin à la plume.
(Collections Mariette et Gelozzi.)

## PH. DE CHAMPAIGNE

20 — Tête de Judas.

Dessin à la sanguine pour son tableau de *la Cène* du Louvre.

## BIBIENA

21 — Intérieurs de Temples.

Deux charmants dessins à la plume et au bistre
(Collection Vallardi.)

## VAN DIEPENBEEKE

22 — Allégorie.

Joli dessin aux trois crayons.

## F. MOLA

23 — Un Faune.

Dessin à la plume et au bistre.

## G. DOW

24 — Tête de jeune Fille.

Dessin à la pierre noire sur papier bistré.

## NETSCHER (Gaspard)

25 — Portrait d'un Cardinal.

Dessin à l'encre de Chine.

## NETSCHER (GASPARD)

26 — Tête d'Enfant.

Joli dessin à la sanguine.

27 — Une Dame jouant de la guitare.

Joli dessin à l'encre de Chine.
(Collection Norblin.)

## J. CESARI (LE JOSÈPIN)

28 — Saint André.

Beau dessin à la sanguine.

## P. MOLYN

29 — Paysages et groupes d'hommes.

Deux dessins à la pierre noire, lavés d'encre de Chine.

## LE BERGAMASQUE

30 — Un Évêque martyr monte au ciel.

Dessin à la plume avec ornements d'architecture.
(Collections du comte de Goudts et J. Dupan.)

## SACHTLEVEN (HERMAN)

31 — Vue de Village.

Charmant dessin à la pierre noire et au bistre.
(Collection Van Os.)

32 — Joueurs de boule dans une grotte.

Joli dessin à l'encre de Chine et au bistre.
(Collection Van Goll.)

## PANNINI

33 — Ruines d'un Monastère.

Dessin à la plume et au bistre.
(Collections Houlditsch et Galeozzi.)

34 — Ruines avec personnages.

Dessin très-fin à l'encre de Chine.)

## BÉGA (Corneille)

35 — Joueur de violon assis.

Beau dessin à la pierre noire sur papier bleu.
(Collection Th. Witson.)

## B. LUTTI

36 — Communion de la Madeleine.

Dessin au bistre.
(Collection Willenave.)

## PAUL VÉRONÈSE

37 — Tête de jeune Fille.

Charmant dessin à la pierre noire et au crayon blanc sur papier gris.
(Collection Vallardi.)

## ZORG (Henri)

38 — Scène de cabaret flamand.

Dessin à la plume (rare).

## H. VAN BALEN

(Maître de Rubens.)

39 — Pomone et Flore.

Dessin à l'encre de Chine rehaussé de blanc.

## VICENTINO (Andrea)

40 — Priam au siége de Troie.

Dessin à la sanguine lavé au brun rouge (rare).
(Collections Ph.-H. Lankrink, Nils Bark, Th. Hudson et Sir J. Reynolds.

## A. STORCK

41 — Marine.

Dessin à la plume et au bistre.

## LE DOMINIQUIN (Zampieri)

42 — La Communion de saint Jérôme.— Première pensée.

Dessin à la sanguine.

43 — Paysage.

Dessin à la plume.

## A. BRAUWER

44 — Scène de Cabaret.

Dessin à la plume.

## CARLE MARATE

45 — Tête de Vierge.

Charmant dessin à la pierre noire.

## J. LIEVENS

46 — Tête de Femme.

Dessin à la plume.

47 — Paysage.

Beau dessin au bistre.

## C. CIGNANI

48 — La Charité.

Charmant dessin à la pierre noire et au bistre. (Collection Vallardi.)

## WOUWERMANS (Pierre)

49 — Chevaux à l'abreuvoir.

Joli croquis à la plume.

50 — Tambour à cheval.

Joli dessin à l'encre de Chine.

## C. PROCACCINI

51 — Scène biblique.

Beau dessin à l'encre de Chine mêlée de bistre.

## DIRCK MAAS

52 — Chasse dans un bois.

Charmant dessin à l'encre de Chine.

## PAUL VÉRONÈSE (Caliari)

53 — Jésus et ses Apôtres.

Dessin énergique à la plume, lavé.

54 — La Cène.

Joli dessin à la plume et au bistre.

## RADEMAKER

55 — Vue d'un Canal en Hollande.

Charmant dessin à l'encre de Chine.

## VASARI

56 — Baptême de Jésus-Christ.

Dessin à la plume et au bistre rehaussé de blanc avec ornements.

## H. GOLTZIUS

57 — Un Évangéliste.

Dessin à la plume et au bistre rehaussé de blanc (a été gravé)

58 — Persée et Andromède.

Beau dessin à la plume lavé d'indigo.

## P. BERETTINI (de Cortone)

59 — Saint Pierre bénissant une femme.

Beau dessin au bistre rehaussé de blanc.

## ALBERT CUYP

60 — Bœufs dans un pré.

Joli dessin à l'encre de Chine.

61 — Chevaux à l'écurie.

Joli dessin au bistre.
(Collection du Bourgmestre Th. Witzen.)

## VAN DE VELDE (Adrien)

62 — Animaux au bord d'une fontaine.

Croquis spirituellement fait à la plume, légèrement lavé.

## LE MUTIEN

63 — Moines en prière.

Beau dessin au bistre (a été gravé). La gravure est jointe.

## BREUGHEL (Pierre)

64 — Paysage.

Beau dessin au bistre mêlé d'indigo.
(Collection Van Haaken.)

## F. SALVIATI

65 — Décollation de saint Jean.

Très-beau dessin à la plume et au bistre
(Collections Révil et R. Hudson).

66 — Circoncision.

Très-beau dessin à la plume et au bistre.
(Collection Vallardi.)

## RUBENS (Pierre-Paul)

67 — Tête de Femme.

Dessin aux trois crayons.

68 — Mendiants au bord d'un chemin.

Joli dessin à la pierre noire.

69 — Groupe d'Anges.

Charmant dessin à la plume et au bistre.

70 — Tête d'Henri IV et un Ange. — Etude pour sa galerie de Médicis.

Beau dessin à la pierre noire.

## ZUCCARO (Taddeo)

71 — Le Pape Jules II donnant un chapeau de cardinal à un Moine.

Beau dessin à la plume et au bistre.

72 — La Religion.

Beau dessin à la plume et au bistre.
(Collections Richardson et W. Esdaile.)

## ZUCCARO (Frédéric)

73 — Portrait.

Beau dessin aux trois crayons.
(Collection Richardson.)

## KAREL DUJARDIN

74 — **Paysage avec ruines.**

Très-beau dessin à l'encre de Chine.
(Collection Th. Witsen.)

75 — Moutons et Chèvres.

Joli dessin à la sanguine.

## F. BARBIERI (Le Guerchin)

76 — **Hommes et Femmes assis.**

Dessin énergique au bistre.

77 — David montrant à un soldat romain la tête de Goliath qu'il vient de tuer avec sa fronde.

Beau dessin à la plume.
(Collection Woodburn.)

## ROTTENHAMER

78 — Diane et Actéon.

Beau dessin à l'aquarelle.

79 — Enlèvement des Sabines.

Charmant dessin à la plume et au bistre rehaussé de blanc.

## B. BANDINELLI

80 — **Sainte Famille.**

Très-beau dessin à la plume.
(Collection Lagoy.)

## A. VAN DYCK

81 — La Religion. — Allégorie.

Beau dessin aux crayons rouge et blanc.

82 — Le Christ en croix.

Beau dessin à la plume lavé au bistre.

83 — Un Moine prêchant devant des seigneurs.

Beau dessin à la plume et au bistre.

84 — Portrait du roi Charles I^er^.

Très-beau dessin à la pierre noire; d'un grand sentiment. (Collection du roi d'Angleterre.)

85 — Portrait du peintre Erasme Quellinus.

Superbe dessin, d'une grande finesse, à la pierre noire.

## LE TINTORET (J. Robusti)

86 — Portrait d'un personnage du temps.

Dessin à la plume et au bistre.

87 — L'Assomption de la Vierge.

Dessin à la plume.

88 — La Flagellation.

Dessin énergique à la plume.

89 — La Mort de Lucrèce.

Très-beau dessin au bistre rehaussé de blanc sur papier bleu.

(Collection Woodburn.)

90 — La Communion.

Beau dessin à la plume et au bistre.
(Collections W. Esdaile et Woodburn.)

## L. BACKHUYSEN

91 — Marine.

Dessin à l'encre de Chine.

92 — Le Coup de vent. — Mer agitée.

Très-beau dessin à l'encre de Chine.
(Collection Van-den-Zande.)

## SCHIDONE

93 — Naissance de la Vierge.

Très-beau dessin à la plume et à l'encre de Chine mêlée de bistre.
(Collection P. Sanby.)

## A. DIEPENBEEKE

94 — Hérodiade.

Très-beau dessin à l'encre de Chine.

## JEAN BELLIN

(1400)

95 — Scène biblique.

Dessin à la plume (très-rare).
(Collection Woodburn.)

## ALBERT DURER

96 — Saint Jean prêchant.

Dessin très-fin à la plume et au bistre.

97 — Saint Christophe et la Vierge entourés d'Anges.

Très-beau dessin à la plume.

## SEBASTIEN DEL PIOMBO

98 — Étude pour un Christ.

Beau dessin à la pierre noire.

## LUCAS DE LEYDE

99 — Crucifiement de Jésus-Christ.

Très-beau dessin à la plume d'une grande finesse (rare).

## JEAN HOLBEIN

100 — Esther et Assuérus.

Beau dessin à la plume.
(Collection Verstolk de Soelen.)

## RAPHAEL SANZIO

101 — Étude pour une Sainte Famille.

Très-beau dessin à la plume.
(Collection Voodburn.)

## TERBURG (GÉRARD)

102 — Intérieur d'atelier.

Joli dessin à la pierre noire.

103 — La Toilette.

Très-beau dessin au bistre.
(Collections Van Gol, P. van Amstel et Woodburn.)

## F. BOUCHER

104 — Une jeune Fille nue au bord d'une fontaine, surprise par un Faune qui sort d'un bois.

Charmant dessin à la pierre noire.

## LIGOZZI

105 — Jacob et Esaü.

Beau dessin à la plume, lavé de bistre et de brun rouge et rehaussé d'or.
(Collections Révil d'Holbach et Lagoy.)

## JOSEPH VERNET

106 — Marine.

Charmant dessin au bistre.

## CARLE VERNET

107 — Cheval en liberté.

Dessin à la plume fait à l'Institut en 1820. (Signé.)

## HORACE VERNET

108 — Un Chameau dans le désert.

Dessin à la plume. (Signé.)

109 — Tête de Grenadier de la vieille garde.

Dessin à la plume.

## JORDAENS (Jacques)

110 — Amphitrite sur un dauphin entourée de tritons et de naïades.

Dessin aux trois crayons.

111 — Kermesse flamande.

Très-beau dessin à l'aquarelle.

## LÉONARD DE VINCI

112 — Portrait d'une princesse du temps.

Dessin très-fin à la pierre noire.
(Collection Thoney.)

## P. REMBRANDT

113 — Agar et Abraham.

Dessin à la plume.

## P. REMBRANDT

114 — Même sujet.

Dessin à la plume.

115 — Sacrifice antique. Chars traînés par des bœufs.

Beau dessin à la plume et au bistre, plein de fougue et de couleur.

116 — Un Chef de croisés racontant une bataille à un sultan.

Beau dessin à la plume.

(Collections R. Houlditsch et lord Spencer.)

117 — Paysage.

Dessin d'une grande puissance à la grosse plume.

118 — Portrait de la Mère de l'artiste, au moment où elle vient de s'endormir en lisant. Elle tient son pince-nez d'une main et de l'autre un livre appuyé sur ses genoux.

Dessin à la plume et au bistre, d'une exécution et d'un sentiment admirables.

(Collections Denon et Woodburn.)

Ce dessin a été vendu 800 fr. en 1828.

## ZUSTRIS

119 — Le Triomphe du Bien.

Beau dessin au bistre rehaussé de blanc.

## MOUCHERON (Frédéric)

120 — Paysage.

Beau dessin à la plume et au bistre.

## MOUCHERON (Isaac)

121 — Paysage.

Très-beau dessin à la plume, lavé d'encre de Chine et de bistre.

## VAN DEN ECKHOUT

122 — Apparition de Jésus et de Moïse à des moines.

Beau dessin à l'encre de Chine rehaussé de blanc.
(Collection Th. Witsen.)

## R. VAN ORLEY

123 — La Fécondité.

Beau dessin à l'encre de Chine rehaussé de blanc.

## B. CASTIGLIONE

124 — Massacre des Innocents.

Beau dessin à la sanguine, lavé de brun rouge.

125 — La Sortie de l'arche.

Joli dessin à la plume et au bistre. (Avec la gravure.)
(Collection Denon.)

## DIETRICY

126 — Scène biblique.

Dessin à la plume et à l'encre de Chine.

127 — Bohémiens.

Beau dessin à la plume et au bistre mêlé de laque

## A. ALLEGRI (Le Corrège)

128 — **Étude pour un plafond.**

Dessin à la sanguine.
(Collection Vallardi.)

129 — **L'Amour.**

Charmant dessin à la sanguine.
(Collection Van Os.)

## VAN BATTEM

130 — **Jésus et la Samaritaine.**

Beau dessin à l'encre de Chine rehaussé de blanc.
(Collection Pausch.)

## FIORI (Le Baroche)

131 — **Adoration des Mages.**

Joli dessin au bistre rehaussé de blanc.
(Collection J.-P. Zomers.)

## VAN EVERDINGEN

132 — **Paysage au bord d'une rivière.**

Charmant dessin à la plume et au bistre.
(Collection Simon.)

## POLYDORE DE CARAVAGE

133 — **Soldats romains en marche.**

Beau dessin au bistre rehaussé de blanc.
(Collection Vallardi.)

## J. VAN HUYSUM

134 — **Paysage.**

Charmant dessin à la pierre noire

## LE BERNIN

135 — **Ornements d'architecture.**

Beau dessin à la plume et au bistre.
(Collection Mariette.)

## VAN DER VENNE

136 — **Esther et Assuérus.**

Beau dessin à la plume et à l'encre de Chine.

## ZUCCARELLI

137 — **Vue de Tivoli, paysage avec animaux.**

Beau dessin à l'encre de Chine rehaussé de blanc.

## A. HOUBRAEKEN

138 — **Un Baptême.**

Dessin à l'encre de Chine.

## MICHEL CARRÉ

139 — **Troupeau au bord d'une rivière.**

Dessin à la plume, lavé d'encre de Chine.

## MENGS (Raphael)

140 — **Hérodiade.**

Beau dessin à la pierre d'Italie.

## FOLKEMA

141 — **Vénus caressée par l'Amour.**

Très-beau dessin à la plume, d'une exécution très-remarquable, au point de faire illusion avec une gravure.

## J. SANDRART

142 — Sujet mythologique.

Dessin à la plume et à l'encre de Chine.

## RIEDINGER

143 — Atalante.

Dessin à la pierre noire.

## G. METZU

144 — Têtes de jeunes filles. — Étude.

Charmant dessin à la pierre noire, légèrement lavé.

## P. BATONI

145 — Portrait de la Fille de l'artiste.

Gracieux dessin aux crayons rouge et blanc sur papier bleu.

(Collection Vallardi.)

## J. LIEVENS

146 — Entrée d'un bois.

Belle étude à la plume.

## SCHELFHOUT

147 — Marine.

Charmant dessin à l'aquarelle.

## OMMEGANCK

148 — Troupeau de bœufs au bord d'une rivière.

Joli croquis au crayon.

149 — Paysage.

Joli dessin à l'encre de Chine.

## SAENREDAM

150 — La Tentation.

Dessin à la plume, lavé d'encre de Chine.

## PLOOS VAN AMSTEL

151 — Deux *fac-simile*, d'après des dessins de J. Steen et de Béga.

152 — Deux *fac-simile*, d'après J. Flinck et Rembrandt.

153 — — — Van Goyen et Van de Velde.

154 — — — J. Both et A. Pynacker.

155 — — — G. Dow et Hackaert.

155 bis — — — H. Goltzius et L. de Leyde.

# DEUXIÈME VACATION

---

## GUARDI

156 — Études d'après nature.

Deux croquis pleins d'esprit, à la pierre noire et à la sanguine.

## TH. ROMBOUTS

157 — Adoration des Mages.

Dessin à la sanguine, lavé d'encre de Chine.

## LOUTHERBOURG

158 — Animaux dans les montagnes.

Dessin à la plume et à l'encre de Chine.

## F. PENNI

159 — Un évêque martyr couronné par des anges.

Dessin à la plume et au bistre.

(Collection J. Dupan.

## QUELLINUS (Erasme)

160 — Un pape entouré de cardinaux, reçoit une congrégation.

Beau dessin à l'encre de Chine rehaussé de blanc.

## P. TESTA

161 — Adam et Ève au Paradis.

Dessin à la plume.

(Collection Lempereur.)

## VAN DER ULFT

162 — Vues de monuments.

Deux charmants dessins à la plume et au bistre.

## MARTIN SCHOENGAUER

163 — La Justice.

Dessin à la plume et à l'encre de Chine.
(Collection Rysbrack.)

## NIEULANDT

164 — Ruines d'un château sur les bords d'une rivière.

Joli dessin à la plume et au bistre mêlé d'indigo.

## A. BLOEMAERT

165 — Berger regardant une jeune fille endormie.

Joli dessinà la plume et au bistre.

166 — Nymphes.

Dessin à la plume et au bistre.

## BLOCK (Anne)

167 — Tête d'après Raphaël.

Joli dessin aux trois crayons.

## A. CUYP

168 — Panorama d'une ville.

Joli dessin à la pierre noire teinté.

## R. XAVERY

169 — Paysage.

Dessin à la plume, lavé d'encre de Chine

## J. FYT

170 — **Nature morte. — Gibier.**

Joli dessin à la plume et au bistre.
(Collection Flinck.)

## LE PRIMATICE

171 — **Un Amour dans une guirlande de fruits.**

Dessin à la pierre noire pour une cheminée du palais de Fontainebleau.
(Collection Vallardi.)

171 bis — **Une Nymphe surprise un Faune.**

Charmant dessin à la pierre noire.

## OVERLAET

172 — **Buveurs flamands.**

Charmant dessin à la plume, d'une extrême finesse.

## DELLA BELLA

173 — **Études à la plume.**

(Collections Dimsdale et Woodburn.)

174 — **Chasse au cerf.**

Charmant dessin à la plume, lavé d'encre de Chine. (Signé.)
(Collection du comte de Paar.)

## H. GOLTZIUS

175 — **Adam et Ève.**

Beau dessin à la plume.

## H. GOLTZIUS

176 — **Un évêque couronné par des anges**

Beau dessin à la plume, lavé d'encre de Chine.

## VERKOLIE (Jean)

177 — **Un enfant, tenant une chandelle à la main, regarde sa sœur endormie.**

Charmant dessin à l'encre de Chine. (Signé.)
(Collection du Bourgmestre Th. Witsen.)

## MARTIN DE VOS

178 — **L'Eau. — Allégorie.**

Joli dessin à l'encre de Chine.
(Collection R. Dumesnil.)

## D. VICKEMBOOMS

179 — **Chasse sur la lisière d'un bois.**

Beau dessin à la plume et au bistre mêlé d'indigo. (Rare.)
(Collection Van den Zande.)

180 — **Marche triomphale.**

Joli dessin à la plume légèrement teinté. (Rare.)

## OTTAVIO LEONI

181 — **Portrait de jeune femme.**

Charmant dessin aux trois crayons.
(Collection Vallardi.)

## CRABETH (de Gouda)

182 — **La Création.**

Dessin lavé pour un des vitraux de la cathédrale de Gouda.
(Curieux et très-rare.)

## DANIEL DE VOLTERRE

183 — **Portrait de Raphaël.**

Joli dessin à la pierre noire.
(Collection Crozat.)

## PAUL POTTER

184 — **Bœuf dans un pré.**

Dessin à la pierre noire.

185 — **Bœuf.**

Beau dessin à la pierre noire.

186 — **Têtes de bœufs romains.**

Beau dessin à la pierre noire rehaussé de blanc.

## C. VISCHER

187 — **Portrait historique. (Descartes?)**

Beau dessin à la pierre noire sur parchemin.
(Collection Feuchère.)

## BOTH (Jean)

188 — **Paysage.**

Beau dessin à la plume et à l'encre de Chine.

189 — **Paysage.**

Beau dessin à l'encre de Chine.

## BOTH (André)

190 — **Paysage avec ruines et cavaliers.**

Beau dessin au bistre mêlé d'encre de Chine.

## BEHAM (Sebald)

191 — Distribution de pains à des mendiants.

Dessin à la plume. (Curieux et rare.)

## RUGENDAS

192 — Campement de troupes.

Joli dessin à l'encre de Chine rehaussé de blanc.

## VAN DE VELDE (Adrien)

193 — Cheval attelé à une charrette.

Dessin à la sanguine.
(Collection Van Os.)

194 — La Sérénade.

Beau dessin à la plume et à l'encre de Chine.
(Collection Th. Witsen.)

## VAN DE VELDE (Guillaume)

195 — Marine.

Joli dessin au bistre.

196 — Marine.

Joli dessin au bistre.
(Collection Rodgers.)

## VAN DRIELST

197 — Paysage.

Très-beau dessin à l'aquarelle.

## L. BACKHUYSEN

198 — Marine.

Joli dessin à la plume et au bistre.

## STIMMER (Tobie)

199 — **Tobie rendant la vue à son père.**

Dessin à la plume et à l'encre de Chine (Rare).

## PYRRHO LIGORIO

(ÉLÈVE DE MICHEL-ANGE)

200 — **Vue du Vatican sous le pape Paul III.**

Dessin à la plume lavé de bistre et de brun rouge (curieux et rare), avec des notes de Mariette sur la monture.

(Collections Mariette, Th. Lawrence, comte de Fries et Van Gottlob.)

## N. BERGHEM

201 — Tête de vache.

Beau dessin à la pierre noire.

202 — Paysage avec animaux.

Joli dessin à la pierre noire.

203 — Berger assis au pied d'un arbre.

Charmant dessin à la sanguine.

(Collections Nils-Bark et Richardson.)

204 — Paysage avec animaux.

Beau dessin à la pierre noire lavé d'encre de Chine.

## ANDRÉ DEL SARTE

205 — Tête d'enfant.

Beau dessin à la pierre noire sur papier bistré.

(Collection Vallardi.)

205 bis — **Portrait de Charles-Quint.**

Charmante étude à la pierre noire.

(Collection Richardson.)

## M. VAN HEEMSKERKE

206 — Distribution de vêtements à des pauvres.

Très-beau dessin à la plume.

## LE TITIEN

207 — Saint Jérôme dans le désert.

Beau dessin à la plume d'une grande finesse.

## VAN MIERIS (Guillaume)

208 — Deucalion et Pyrrha.

Beau dessin à l'encre de Chine (Signé et daté).

## MÉRIAN (Mathieu)

209 — Combat de cavalerie.

Beau dessin à la plume et au bistre.

## JEAN STEEN

210 — Scène de Cabaret.

Dessin très-spirituel à la plume et au crayon.

## FRA BARTHOLOMEO

211 — Un Évangéliste.

Très-beau dessin à la plume et au bistre.
(Collections Richardson et R. Udney.)

## G. DE LAIRESSE

212 — L'Enfer.

Très-beau dessin au bistre.

## CORNEILLE DUSART

212 bis — Le Marchand de Lorgnettes.

Très-beau dessin à la plume at au bistre.
(Collection Woodburn.)

# ÉCOLE ESPAGNOLE

---

**La plupart de ces Dessins ont été achetés à Séville et à Madrid.**

## DE MOLINA (Manuele)

213 — Conversion d'Orientaux au Christianisme.

Dessin au bistre.

## COELLO (Sanchez)

214 — Un Souverain d'Orient reçoit du haut de son trône une princesse qui lui offre des présents.

Joli dessin à la plume lavé de bistre.

## LLANO (Felipe de)

215 — Études d'hommes et de femmes.

Trois dessins à la plume.

216 — Études de chevaux et de cavaliers.

Trois dessins à la plume.

## F. RIBALTA

217 — La Cène.

Joli dessin à la plume lavé d'indigo (a été gravé).

## PACHECO

(maître de Velasquez)

218 — La Sybille de Tibur.

Dessin à la plume et au bistre.

219 — Un Évangéliste.

Dessin à la plume et au bistre.

## MENESSES OSORIO

220 — Un moine priant près d'un blessé qui va être amputé.

Dessin en grisaille.

## VALDÈS-LEAL

(RIVAL DE MURILLO)

221 — Assomption de la Vierge. Des Anges font de la musique autour d'elle.

Grand et beau dessin au bistre.

(Collection Madrazzo.)

## J. RIBERA (L'ESPAGNOLET)

222 — Études pour sujets religieux.

Deux dessins à la plume.

223 — Un Saint et une Sainte à genoux adorant l'Enfant Jésus.

Joli dessin à la plume.

224 — Crucifiement de saint André.

Beau dessin au bistre rehaussé de blanc.

225 — Adoration des Bergers.

Très-beau dessin au bistre rehaussé de blanc.

226 — Des Anges apparaissent à un saint recevant le viatique entouré de moines.

Magnifique dessin à la plume et au bistre. — Le plus important du maître.

(Collections Th. Lawrence et Woodburn.)

226 bis — Un Ange contemplant le Christ mort.

Beau dessin à la plume et au bistre.

## ORRENTE (Pedro)

227 — **Un Saint et une Sainte reçus dans le Ciel par la Vierge et l'Enfant Jésus.**

Dessin à la plume et à l'encre de Chine rehaussé de blanc.

## ALONZO CANO

228 — **Supplice de saint Laurent.**

Très-beau dessin à la sanguine lavé de brun rouge.

229 — **Religieuses en extase devant le Christ.**

Très-beau dessin à la sanguine rehaussé de blanc.
(Collection Madrazzo.)

## MURILLO (Esteban)

230 — **Un Moine à genoux.**

Dessin aux trois crayons.

231 — **Moines debout.**

Deux dessins à la plume et au bistre.

232 — **Têtes de Vieillards.**

Étude à l'huile très-fine.

233 — **Un Moine prenant des fruits.**

Beau dessin à l'encre de Chine rehaussé de blanc.
(Collection Madrazzo.)

234 — **La Chercheuse de pous.**

Dessin à la plume et à l'encre de Chine.
(Collection Vallardi.)

235 — **Scène de Cabaret.**

Dessin à la plume et à l'encre de Chine.
(Collection Vallardi.)

(Pendant du précédent.)

236 — **Madeleine.**

Beau dessin à l'encre de Chine rehaussé de blanc (Signé).
(Collection Woodburn.)

## MURILLO (Esteban)

237 — **Portrait en pied de l'Artiste.**

Dessin à la plume et au bistre.
(Collection Woodburn.)

238 — **Barbier de Séville.**

Dessin à la plume et au bistre, plein d'esprit, dans le genre de Watteau, mais d'un style beaucoup plus énergique.
(Collection Woodburn.)

239 — **Assomption de la Vierge.**

Beau dessin à la pierre d'Italie, rehaussé de blanc sur papier gris.

240 — **La Vierge au Scapulaire.**

Très-beau dessin à la sanguine, d'un sentiment exquis.
(Collection Th. Lawrence.)

241 — **Apparition de la Vierge, avec l'Enfant Jésus, à des Moines.**

Superbe dessin à la plume et au bistre.
(Collection Woodburn.)

242 — **Tête d'Enfant.**

Très-beau dessin aux trois crayons, sur papier gris.
(Collection Woodburn.)

## VELASQUEZ DE SYLVA

243 — **Un Mendiant appuyé contre une colonne.**

Beau dessin à la plume légèrement teinté.

244 — **Le Baise-Main d'un Cardinal.**

Dessin à la sanguine.

245 — **Adoration des Bergers.**

Superbe dessin au bistre.

## GOYA (Francisco)

246 — Un Conspirateur caché sous son manteau.

Dessin plein de fougue, à l'encre de Chine rehaussé de blanc. (Collections Goya fils et Madrazzo.)

247 — Combat de taureaux.

Dessin à la plume et à l'encre de Chine. (Collections Goya fils et Madrazzo.)

## J. PALMA

248 — Scène de la vie de Jésus-Christ.

Joli dessin à la plume et au bistre.

## GREUZE (Jean-Baptiste)

249 — Scène d'intérieur.

Beau dessin à la plume et à l'encre de Chine.

## SWANEVELT (Herman)

250 — Paysage.

Beau dessin à l'encre de Chine.

## ROTTENHAMER

251 — Adoration des Bergers.

Dessin à la plume et au bistre.

252 — Adoration des Mages.

Beau dessin à la plume et au bistre rehaussé de blanc (Signé et daté).

## MICHEL-ANGE BUONAROTTI

253 — Etudes pour *le Jugement dernier.*

Croquis divers à la plume, d'une savante exécution.
(Collection Woodburn.)

254 — Tête de saint Bartholomée.

Très-beau dessin à la plume.
(Collections W. Ottley et Woodburn.)

255 — Études à la pierre noire et à la plume.

Magnifique dessin d'un grand style.
Ce dessin a été acheté 40 livres sterling (1,000 fr.).

## F. PORBUS (Le Vieux)

256 — Portrait de Nannius d'Alkmar.

Superbe dessin à la plume et à l'encre de Chine (Très-rare.)
(Collection Dimsdale.)

## VANDERWERF

257 — Baigneuse sortant de l'eau.

Charmant dessin à la plume légèrement teinté.

258 — La Chaste Suzanne.

Charmant dessin à la sanguine.
(Collection Th. Wittsen.)

## C. SCHWARTZ

259 — Saints et Saintes dans le Ciel.

Joli dessin à la plume et au bistre.

## VAN OSTADE (Isaac)

260 — Le Marchand d'images.

Dessin à la plume légèrement lavé d'encre de Chine.
(Collection Th. Witsen.)

261 — Intérieur de ferme.

Très-beau dessin au bistre.
(Collection Flinck.)

## JEAN COUSIN

262 — La Flagellation.

Belle étude à la plume lavée de bistre.

## A. VAN DYCK

263 — Saint Christophe.

Beau dessin au bistre.

264 — Hérodiade.

Beau dessin à la pierre d'Italie.

## RAPHAEL SANZIO

265 — Étude pour *la Jurisprudence* du Vatican.

Admirable dessin au bistre, où la main du Maître se fait sentir. Ce dessin a été acheté 1,500 fr. et photographié pour le prince Albert.

## VAN OSTADE (Adrien)

266 — Un Buveur endormi.

Dessin à la plume et au bistre, sur papier bleu.

(Collection Th. Witsen.)

267 — La Marchande de lait.

Dessin à la plume et à l'encre de Chine mêlée de bistre.

(Collection Th. Witsen.)

268 — L'École de Village.

Beau dessin à l'aquarelle pour un tableau qui est au Musée de Munich.

(Collection van Haaken.)

269 — Le Marchand de petits pots.

Beau dessin à la plume et à l'encre de Chine.

## PERINO DEL VAGA (Buonacorsi)

269 bis — **Un pape écrivant sous l'inspiration du Saint-Esprit.**

Superbe dessin à la plume et au bistre, rehaussé de blanc.

(Collections Th. Lawrence, P. Lely. Lord Spencer et Richardson.)

## ALBERT DURER

270 — **Saint Hubert.**

Beau dessin à la plume et au bistre (a été gravé). Très-curieux.

## ALDEGRAVER

271 — **Musiciens ambulants.**

Jolin dessin à la plume, très-fin (signé et daté 1538).

Ce dessin a été gravé par le maître.

## JULES ROMAIN

272 — **Mucius Scevola.**

Beau dessin à la plume et au bistre.

(Collection du comte de Goudts.)

273 — **Bacchanale.**

Superbe dessin à la plume et au bistre rehaussé de blanc.

(Collections P. Lely, B. West et Richardson.)

Ce dessin a été acheté 500 fr.

## MIREVELT

274 — **Portrait historique.**

Superbe dessin à la plume et au bistre.

(Collection du duc de Devonshire.)

## F. MAZZUOLI (Le Parmesan)

275 — **Portrait d'une Princesse du temps.**

Beau dessin à l'aquarelle.

(Collection Richardson.)

## F. MAZZUOLI (Le Parmesan)

276 — Funérailles d'une Sainte.

Très-beau dessin au bistre.
(Collection Vallardi.)

## LE GIOTTO (Bondone)
## (1300).

277 — La Barque de saint Pierre. — *La Navicella.*

Dessin fait pour la fameuse mosaïque de Saint-Pierre de Rome, connue sous le nom de *la Navicella.* Cette pièce, des plus curieuses et des plus rares, a appartenu à Vasari, puis à W. Ottley, qui en donne la description dans son ouvrage.

(Collections Vasari, W. Ottley, lord Penbrock, de Metz et Woodburn.)

Ce dessin a été acheté 30 livres sterling (750fr.) à Londres.

## DAVID TENIERS

278 — Fumeur assis bourrant sa pipe.

Joli dessin à la pierre noire.

279 — Un Alchimiste dans son laboratoire.

Beau dessin à la pierre noire.

280 — Une vieille femme disant la bonne aventure à un seigneur.

Joli dessin au crayon.
(Collection Van Os.)

281 — Des Singes buvant et fumant.

Beau dessin à la pierre noire lavé de bistre.
(Collection Mariette.)

282 — Joueurs de boule.

Joli dessin à la pierre d'Italie.
(Collections J. Hudson, Th. Dimsdale et Woodburn.)

## PIERRE PUGET

283 — Chaire à prêcher.

Beau dessin d'ornements à la plume lavé d'encre de Chine

## ELZHEIMER

284 — Études à la plume.

Deux dessins.

285 — Temple de Salomon.

Beau dessin à la plume et à l'encre de Chine. A été gravé par Hollart.

(Collections Th. Lawrence et Woodburn.)

286 — Philémon et Beaucis.

Beau dessin à la plume et au bistre, dans la manière de Rembrandt.

(Collections Mariette, Th. Lawrence, comte de Frics et Woodburn.)

## SCHORER (Jean)

287 — Sainte Famille.

Beau dessin à la plume et au bistre.

## WATTEAU (Antoine)

288 — Étude pour l'Embarquement de Cithère.

Joli dessin à la sanguine.

289 — Une Femme à demi-vêtue sur son lit.

Charmant dessin aux trois crayons.

## J. RUYSDAEL

290 — Paysage.

Beau dessin à la plume et au bistre.

## DOMER

291 — Vue des environs de Nantes.

Aquarelle.

## BRIL (Paul)

292 — Paysage.

Très-beau dessin à la plume et au bistre.

293 — Chasse au Cerf.

Très-beau dessin à la plume et au bistre.
(Collection Lagoy.)

## BRIL (Mathieu)

294 — Paysage.

Très-beau dessin à la plume et au bistre.

## WOUWERMANS (Philippe)

295 — La Leçon de manége.

Joli dessin à la plume.—Étude pour le tableau du Louvre.

## RUBENS (Pierre-Paul)

296 — Têtes de Soldats romains.

Dessin à la plume lavé d'encre de Chine.

297 — Paysage.

Dessin à l'aquarelle (curieux et rare).

## KOBELL

298 — Vaches dans un pâturage.

Très-beau dessin à l'aquarelle.

## VAN STRY (Jacques)

299 — Bœuf dans un pré.

Dessin à la sanguine légèrement lavé.

300 — Vaches au pâturage.

Joli dessin à la sépia.

301 — Moutons et Béliers.

Joli dessin à l'aquarelle.

302 — Bœufs et Vaches dans un champ.

Dessin à la pierre noire lavé d'aquarelle.

## GALLAIT (Louis)

303 — Mendiants à la porte d'une église.

Charmant croquis à la mine de plomb.

## SABATIER

304 — Vue d'une ville.

Joli dessin à la mine de plomb.

## BARTSCH et LEROY

305 — Deux *Fac-simile* d'ap. Le Guerchin et Le Tintoret.

306 — Id. Le Corrège et Le Titien.

307 — Id. Raphaël Sanzio.

308 — Id. Michel-Ange et Bandinelli.

309 — Id. Léonard de Vinci et Mantegna.

Renou et Maulde, imprimeurs de la Compagnie des Commissaires-Priseurs, rue de Rivoli, 144. 30482

www.ingramcontent.com/pod-product-compliance
Ingram Content Group UK Ltd.
Pitfield, Milton Keynes, MK11 3LW, UK
UKHW020450180726
13839UKWH00004B/1739